Stefan Cornelius

# "Und nichts wird fortan so sein wie früher." Die Folgen einer Frühtraumatisierung

GRIN Verlag

**Bibliografische Information der Deutschen Nationalbibliothek:**

Die Deutsche Bibliothek verzeichnet diese Publikation in der Deutschen National-
bibliografie; detaillierte bibliografische Daten sind im Internet über http://dnb.d-
nb.de/ abrufbar.

**Impressum:**

Copyright © 2014 GRIN Verlag GmbH
Druck und Bindung: Books on Demand GmbH, Norderstedt Germany
ISBN: 978-3-656-93243-7

**Dieses Buch bei GRIN:**

http://www.grin.com/de/e-book/295328/und-nichts-wird-fortan-so-sein-wie-frueher-
die-folgen-einer-fruehtraumatisierung

**GRIN - Your knowledge has value**

Der GRIN Verlag publiziert seit 1998 wissenschaftliche Arbeiten von Studenten, Hochschullehrern und anderen Akademikern als eBook und gedrucktes Buch. Die Verlagswebsite www.grin.com ist die ideale Plattform zur Veröffentlichung von Hausarbeiten, Abschlussarbeiten, wissenschaftlichen Aufsätzen, Dissertationen und Fachbüchern.

**Besuchen Sie uns im Internet:**

http://www.grin.com/

http://www.facebook.com/grincom

http://www.twitter.com/grin_com

Referat

# „ und nichts wird fortan so sein wie früher"

# Die Folgen einer Frühtraumatisierung

Prüfungsleistung im Modul:  F2.b BA SozA

Verfasser:          Stefan Cornelius

# Inhaltsverzeichnis

# 1 Einleitung

Einnässen, schwieriges soziales Verhalten, Lernschwierigkeiten, motorische Unruhe, fehlende Ausdauer oder Konzentrationsschwäche und andere Auffälligkeiten bei Kindern und Jugendlichen, sind Phänomene, die ich in meiner beruflichen Praxis als Fachberater für Erziehungsstellen häufig antreffe. Meist sind die Bezugspersonen oder Fachleute – in meinem Fall die Facheltern von Erziehungsstellen- mit diesem Verhalten überfordert oder fragen sich, warum sich das Kind den jetzt so verhält. Beschäftigt man sich näher mit den Biografien dieser Kinder, erfährt man zum Teil haarsträubende seelische und körperliche Misshandlungen und erhebliche Verlusterfahrungen.

In diesem Referat beschäftige ich mich mit den Folgen einer Frühtraumatisierung. Mir geht es hier nicht darum, welche Geschehnisse zu einer Traumatisierung führen. Auch die Bearbeitung der Folgen und die Fragen nach dem konkreten Handeln werde ich nur kurz am Ende behandeln. Es geht mir darum, auf zu zeigen, welche gravierenden und weitreichenden Folgen z.b. selbst eine einmalige seelische oder körperliche Misshandlung haben kann und was es zu einem frühkindliches Trauma werden lässt. In der Praxis erleben wir die Symptome einer Traumatisierung, ohne sie als solche zu erkennen. Hier geht es darum zu zeigen, wie dieses Verhalten entsteht, wie es sich aufgrund komplexer Vorgänge im Gehirn als Überlebensstrategie entwickelt. Die Folgen einer Frühtraumatisierung zu verstehen und das Verhalten als Überleben zu begreifen, geht daher nicht ohne die hirnorganischen und neurobiologischen Prozesse zu betrachten. Dies wird der Schwerpunkt sein.

Nachdem ich im 3. Kapitel die neurobiologischen Zusammenhänge aufzeige, geht es im 4. Kapitel um die Auswirkungen im Verhalten der Kinder. Ich habe dabei bewusst auf konkrete Fallbeispiele verzichtet, um den Rahmen dieses Referats einhalten zu können. Auf die Frage, was das für unser sozialpädagogisches Handeln bedeutet, werde ich am Ende nur kurz eingehen und die m.E. wichtigsten 10 Interventionen vorstellen. Im Anhang füge ich für Interessierte eine umfangreiche Literaturliste an, auch mit Titeln die diesem Referat nicht zu Grunde liegen.

„und nichts wird fortan so sein wie früher"

## 2 Trauma - Was ist das?

Der Begriff des Trauma oder traumatisierten Kindes wird in der Diagnose heutzutage immer häufiger verwendet. Es hat sie immer schon gegeben Trauma bedeutet: jedoch wurden Symptome anders verstanden und es wurde dementsprechend auch anders damit umgegangen. Heute gibt es weitaus mehr Erkenntnisse über die Dynamik eines Trauma und seiner Folgen für den Lebensalltag von Kindern und Jugendlichen.

Ein schlimmes Ereignis wird nicht automatisch für jeden Menschen zu einem Trauma. Eine große Rolle spielt

- das Alter,

- der Entwicklungsstand,

- positive oder belastende Beziehungen,

- die individuelle Resilienz ( seelische Widerstandsfähigkeit)

- und liebevolle Bezugspersonen

Alle Faktoren beeinflussen die Bewältigung von extremen Erlebnissen.


Von einem Psychotrauma ist dann auszugehen, wenn ein Erlebnis die persönlichen Bewältigungsmöglichkeiten derart überfordert, dass der Betroffene über keinerlei vertraute Bewältigungsmöglichkeit mehr verfügt. Das bedeutet, nicht die Situation als solche ist traumatisch, sondern die Unfähigkeit der Bewältigung (vgl. Dreiner 2013,S.26).

Die internationalen Klassifikationen von Krankheiten (International Classification of Disease kurz: ICD) benennen Faktoren die zur Erkennung eines Traumas vorliegen müssen. Diese Belastungen sind hierbei auf das kindliche Erleben herunter gebrochen. Danach spricht man von einem frühkindliches Trauma (vgl. ICD 10 DSM IV) bei folgenden Kriterien:


**A.** Erleiden oder Beobachten einer Situation, die nachvollziehbar extrem belastend ist und mit dem Gefühl von intensiver Angst (Todesangst), existenzieller Bedrohung und dem Gefühl „ Ich sterbe jetzt", sowie dem Gefühl von völligem Ausgeliefert sein. Beispiel: Ein Kind sieht mit an wie seine Mutter misshandelt wird, oder wird selbst Opfer einer Misshandlung

**B.** Ständiges Wiedererleben von belastenden Erinnerungen in Form von :

- Wiederholen des Erlebtem im Spiel

- Alpträumen mit Schreien, oft ohne aufzuwachen

- Verhalten oder Gefühle, als ob die belastende Situation gerade wieder geschieht (Reinzenierung, Trigger) Beispiel:

**C.** Vermeidungsverhalten. Vermeiden von :

- Personen und Orten die im Zusammenhang mit der Situation stehen

- Sprechen über das Ereignis

- Gedanken an das Ereignis

- Erinnern an das Ereignis (bis hin zur Regression, bereits erworbene Fertigkeiten werden aufgegeben, z.b. sprechen in Babysprache, Einnässen oder Einkoten, auch Rückzug aus gewohnten Beziehungen oder Abflachen von Gefühlen)

**D.** Übererregbarkeit die sich zeigt in:

- Schlafstörungen

- Konzentrationsschwäche

- Starke motorische Unruhe

- Erhöhte Schreckhaftigkeit

Es ist nicht immer eindeutig von diesen Kriterien auf ein Trauma zu schließen. Unstrittig ist, dass ein Erlebnis in früher Kindheit immer mit Todesangst für das Kind verbunden ist und zwangsläufig zu einer Unterbrechung der Entwicklung führt. Es verändert nachhaltig das Verhalten, unabhängig ob es sich um ein einmaliges Ereignis oder sich wiederholende traumatische Erfahrungen handelt. Warum das so ist erklärt sich auf anatomischer Ebene an den hirnorganischen Prozessen(s. dazu Kapitel 3). Uexküll und

Wesiack haben diesen Zusammenhang auf Verhaltenspsychologischer Ebene sehr gut an ihrem Situationskreislauf dargestellt, den ich hier kurz vorstelle.

Verhalten ist die Reaktion auf unsere (selektive) Wahrnehmung. Wir nehmen unsere Umgebung wahr, schätzen sie ein und reagieren anhand bereits abgelegter Muster. Ziel ist dabei die Wiederherstellung eines Gleichgewichtes, einer Harmonie zwischen dem Erleber und seiner Umgebung( vgl.Uexküll und Wesiack, 1988,S. 209f).

*Abbildung: vereinfachter Situationskreis nach Uexküll und Wesiack*

*In der ersten Abbildung entsteht ein geschlossener Kreislauf. Die Situation steuert das Verhalten. Durch Handeln wird ein Gleichgewichtszustand zwischen Erleber und Umwelt hergestellt.*

*In der zweiten Abbildung wird durch die erlebte Situation die Wahrnehmung überflutet. Handeln zielt nur auf das Überleben ab. Ein Gleichgewicht kann nicht entstehen, der Kreislauf ist gestört.*

Durch die emotionale Überwältigung (Todesangst) ist die Wahrnehmung des Erlebers (hier ist das Kind gemeint) eingeschränkt auf die Außenwelt (Bedrohung). Anstelle der Bewältigung kommt es zu einem Abschaltpunkt (vgl. Hochauf 2006, S.99) zu einer Art Filmriss(vgl. Unfried 2006, S.189) Der Handlungsaspekt kann nicht mehr erfolgen. Man spricht dann auch von einer *unterbrochenen Handlung* (vgl. Dreiner 2013, S.30).Der Betroffene (in dem Falle das Kleinkind) erlebt das Ende der traumatischen Situation nicht bewusst mit, sie wird quasi eingefroren und bleibt aktiv. Dies ist im Beurteilen von Situationen im Alltag von traumatisierten Kindern von entscheidender Bedeutung. Kommt es zu einer Situation, die dem Erlebten ähnelt (Trigger), verhält sich das Kind als sei es noch immer im Trauma. Ein pädagogischer Mitarbeiter oder eine Pflegemutter, die z.b. das Händewaschen einfordert wird dann u.U. nicht als Person wahrgenommen, sondern als die Person die das Trauma, z.b. schwerste Misshandlungen, verursacht hat. Das Kind setzt alle seine kompensatorischen Mechanismen in Kraft, ohne zu realisieren, dass die Situation längst vorbei ist. Pädagogische Mitarbeiter oder Pflegeeltern erkennen diese Zusammenhänge i.d.R. nicht und reagieren mit Unverständnis, da sie sich selbst nicht in der Rolle als Täter sehen, sondern dem Kind helfen wollen. Sie erkennen in dem Verhalten des Kindes nicht seine Überlebensstrategie (s.a. Kapitel 4).

# 3 Neurobiologische Auswirkungen eines Traumas

Um das Überleben sicherzustellen, reagiert der gesamte Organismus auf diese Belastung. Er passt sich der äußeren Situation an. Diese Anpassung erfolgt nicht nur im Verhalten, sondern auch durch körperliche Reaktionen. Sie sind nicht beeinflussbar, sorgen aber durch das einfache Schema „Lernen aus Erfahrung" für zentrale Folgen. Ich halte daher einen Exkurs in die biologischen Zusammenhänge zum Verständnis der daraus entstehenden Folgen für unabdingbar.

Ein erhöhter Stresszustand führt in der Folge zu einer gesteigerten Produktion von Stresshormonen. Steigt der Stress weiter (z.B. wenn die Situation lebensbedrohlich wird) erhöht sich auch die Konzentration der Hormone (Cortisol, Adrenalin, Noradrenalin) im Blut. Die Folge ist eine Wahrnehmungskonzentration auf die Umwelt, es geht nur noch um das Überleben. Alles andere, z. B. eigene Gefühle oder wie im voran genannten Beispiel das Händewaschen wird nachrangig. Sind keine Personen anwesend, die die akute Not des Kindes erkennen und entsprechend regulierend eingreifen, oder sind diese Personen selbst von der Situation überwältigt (z.B. weil sie ebenfalls von einem gewalttätigen Ehemann bedroht sind) steigt der Stress inklusive der einhergehenden Reaktionen weiter an. Die Wucht der Affekte sorgt für eine Notfallreaktion des Organismus. Es kommt zum Abschaltpunkt. Der Cortex wird abgeschaltet, der Organismus schaltet in den Überlebensmodus. Arbeiten im normalen Erleben verschiedene

Hirnareale zusammen und sorgen für eine umfassende Verarbeitung der Wahrnehmung, werden diese Areale jetzt abgekoppelt. Es ist Teil des Überlebensmodus und sorgt dafür, dass z.b. unser Gedächtnis von dieser Lebensbedrohung geschützt wird. Eingehende Informationen (Thalamus) werden nicht mehr an verarbeitende Areale (Neocortex für die Gefühle, Hippocampus für das Gedächtnis) weitergeleitet (vgl. Unfried 2006, S.194f).

Ein Teil des Überlebensmodus ist also die Fähigkeit das Erlebnis zu vergessen!

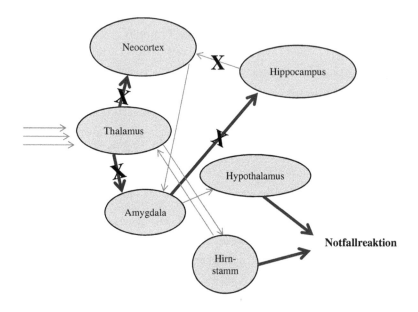

*Schaubild aus: Neurobiologie des Traumas (s. M.Dreiner, 2013, S.32)*

*Informationen werden vom Thalamus an die weiterverarbeitenden Areale verteilt Diese Erfahrungen sind als Erinnerung abrufbar. Bei einem Trauma wird sowohl die Weiterleitung zur Hirnrinde (Neocortex) als auch zum Hippocampus unterbrochen. Körpererinnerungen werden im Mandelkern (Amygala) bewertet und z.B. bei negativer Bewertung nicht an den Hippocampus weitergeleitet, also nicht als Erinnerung gespeichert.*

*Traumatische Erfahrungen können nicht gezielt abgerufen werden, aber durch innere*
*und äußere Reize ausgelöst (getriggert) werden.*

### 3.1 Hirnentwicklung als ein sich selbst organisierter aber durch Interaktion mit der Umwelt gelenkter Prozess

Kinder kommen bereits mit sehr unterschiedlichen Anlagen zur Welt. Diese Unterschiede sind nur teilweise genetisch bedingt, da sie abhängig sind von den sozialen und kulturellen Bedingungen die vorgefunden werden. Alle Reifungsprozesse sind das Ergebnis der Wechselwirkung zwischen Anlagen und Optionen möglicher Entwicklung einerseits und den vorgefunden äußeren Bedingungen, Anforderungen, Anregungen andererseits (vgl. G.Hüther, 2013, S.12).

Insbesondere der Neurobiologe Gerald Hüther hat die Zusammenhänge der frühkindlichen Hirnentwicklung erforscht und besonders die Wechselwirkungen zwischen Hirnentwicklung und Interaktion mit der Umwelt aufgezeigt.

Die hirnorganischen Prozesse sollen hier nicht in allen Einzelheiten aufgezeigt werden sondern nur die grundsätzlichen Muster. Sie zeigen sehr deutlich was im Gehirn bei einem traumatischen Erlebnis abläuft und mit welche weitreichenden organischen Folgen.

Hirnentwicklung erfolgt generell nach dem Prinzip Lernen. Dieser Reifungsprozess erfolgt in Wechselwirkung zwischen bereits gelernten und etablierten Mustern

(neuronale Verbindungen) und der Bildung neuer synaptischer Verschaltungen aufgrund neuartiger Bedingungen, die die bereits bestehenden Muster in Frage stellen. Informationen mit hoher emotionaler Ladung beeinflussen dabei die Lernprozesse maßgeblich. Das Genom, die genetischen Bedingungen, bildet den weit gesteckten Rahmen des Entwicklungspotentials innerhalb dessen sich die lern-und erfahrungsabhängige Gehirnentwicklung ausformen kann.

Lernerfahrungen können bestehende neuronale Netzwerke stabilisieren und optimieren wenn sie als nützlich und zum Überleben als wichtig eingestuft werden. Andere Netzwerke die nicht entsprechend getriggert werden verkümmern (vgl. Hüther, 2013, S.15).

Jede Veränderung in der äußeren Welt mit hoher emotionaler Ladung verschiebt das bestehende Gefüge des sich entwickelnden Gehirns und kann die folgenden Wachstumsprozesse in eine bestimmte Richtung lenken (vgl. Hüther, 2013, S.12). Singer hat als erster herausgefunden, dass diese neuen Nerven Verschaltungen im weiteren Verlauf nur dann erhalten bleiben, wenn sie auch weiterhin genutzt werden, also erneut angetriggert werden. Sie bilden größere funktionale Netzwerke. Der Rest wird wieder abgebaut (nutzungsabhängige Strukturierung). Im frühkindlichen Gehirn sind diese Reifungsprozesse am intensivsten. Im 2.Lebensjahr wird das Maximum der synaptischen Dichte erreicht. Störungen in diesem Prozess wirken sich auf alle Hirnregionen aus, die von dieser Störung betroffen sind (vgl. Singer 2004,S.30f).

Das Material für diesen Prozess sind die permanenten Eingänge von Erfahrungen und Informationen aus dem sozialen Umfeld, in der Kindheit aus den sozial bedeutsamen Beziehungen. Die Speicherung von Erfahrungen ist dabei eng verknüpft mit der Aktivierung des limbischen Systems. Zur Aktivierung kommt es wenn etwas Neues, Unerwartetes wahrgenommen wird. Das kann entweder als Bedrohung (Angst) oder als Belohnung (Freude) empfunden werden. Die in der Folge der Aktivierung ausgeschütteten Signalstoffe, sorgen für eine Stabilisierung all jener Nervenzellen Verschaltungen, die dabei besonders angeregt wurden. Es entsteht ein emotionales Gedächtnis (vgl. Hüther, 1996,S.156). Kommt es zu einer überstarken Aktivierung des emotionalen Zentrums (traumatisches Erleben), und kann es nicht auf geeignete Bewältigungsstrategien zugreifen, reagiert das Gehirn mit einer sehr früh angelegten und vom subkortikalen Bereich gesteuerten Notfallreaktion (Erstarrung). Die gleichzeitig ausgelöste Überflutung des Gehirns mit Cortisol, begünstigt die Regression oder die Destabilisierung bereits bestehender neuronaler Verschaltungen (vgl. Hüther, 1997, S.33ff). Einfach ausgedrückt: Das Gehirn schaltet bei Todesgefahr in den Überlebensmodus, alles was nicht zwingend zum Überleben gebraucht wird, wird abgestellt!

Zusammenfassung:

- Ohne Aktivierung der emotionalen Zentren können keine neuen Erfahrungen gemacht und verankert werden.

- Neue Verschaltungsmuster können am besten entstehen wenn dieses emotionalen Zentren moderat aktiviert werden, z.b. durch Neugier

- Stärkere Aktivierung führt zur Stabilisierung bereits vorhandener bewährter Muster

- Bei überstarker und anhaltender Aktivierung Destabilisierung und Regression bereits etablierter Verschaltungen, die bei diesem Problem nicht halfen. Bedeutet bereits gelerntes positives Verhalten wird destabilisiert!!!

### 3.2 Hirnentwicklung als von außen störbarer Prozess

Die Fähigkeit des Gehirns sich an äußere Bedingungen anzupassen, hat zwangsläufig zur Folge, dass es auch Einflüssen ausgesetzt ist, die seine innere Ordnung bedrohen. Der Grund für die evolutionäre Entwicklung eines derart offenen und störbaren Gehirns liegt für Hüther darin, das derartige Störungen so gut wie nie vorkamen (vgl.Hüther, 1997, S.17ff). Das Gehirn musste Schutzmechanismen erst entwickeln:

- Verlagerung der störanfälligsten Entwicklungsschritte bei Säugetieren in den Mutterleib

- Sicherheit bietende Bindungen

Der Verlust der Sicherheit bietenden Bezugsperson ist die bedrohlichste und massivste Störung, die das entwickelte Gehirn treffen kann (vgl. Hüther, 2013, S.15f).

Hüther stellt dazu fest:

→ Je früher die Trennung erfolgt, desto größer ist die Zurückbildung des Gehirns auch noch im erwachsenen Zustand

→ Am stärksten sind die Hirnregionen betroffen die sich zum Zeitpunktes des Verlustes in der Wachstumsphase (growth spurt) befinden.

→ Nachfolgend wird die Entwicklung von Hirnstrukturen beeinträchtigt die erst später reifen und die auf die Entwicklung vorheriger Strukturen aufbauen

→ Manches lässt sich nach einer solchen Störung aufheben manches nicht

**Solche Störungen nennt man frühkindliche Traumatisierung!**

### 3.3 Auswirkungen eines traumatischen Geschehens auf die Hirnentwicklung

Aus hirnorganischer Sicht ist ein Trauma demnach:

- eine plötzlich auftretende Störung der inneren Struktur des Gehirns
- die so massiv ist, dass sogar bisherige neuronale Verschaltungen beeinträchtigt sind
- die ausgelöst wird durch psychische (soziale) oder physische Einwirkung
- mit der Folge überstarker Aktivierung limbischer Netzwerke
- die nicht mit bisherigen Verhaltensmustern oder Bewältigungsstrategien kontrolliert werden können
- so dass diese Erregung sich weiter ausbreitet
- und nur durch eine archaischen Notfallreaktion gedämpft werden kann

Welche organischen Folgen ein solches traumatisches Ereignis genau nach sich zieht und wie lange dieser Zustand anhält ist von vielen Faktoren abhängig:

- nicht ob sondern wie massiv ist die Schädigung der Nervenzellen durch den übermäßigen Ausschuss von Kortisol und Glutamat?
- Wie lange verharrt das traumatisiere Kind in der Notfallstarre?
- Mit welchen Strategien überlebt das Kind (unter dem Einfluss der fortgesetzten Aktivierung verfestigen sich die dabei genutzten Verschaltungen, in der Folge

erlebt das Kind immer wieder aufflackernde Erinnerungen-Flashbacks- und verhindern eine Verarbeitung der Erfahrung)?

- Wie viele Ressourcen hat das Kind bereits entwickeln können z.b. durch sichere stabile Bindungen

- Welche Präpositionen nutzen dem Kind (z.b. Sensibilität, Extrovertiertheit, Handlungsbereitschaft)

- Welche Orientierungsangebote kann das Kind nutzen (Schule, Eltern, Peer-Group)?

Daher: Nicht das Ereignis traumatisiert, sondern Unfähigkeit es zu verarbeiten!

Die Störung der Hirnentwicklung hat weitreichende Folgen für das spätere Verhalten. Nur in diesem weiten Bogen lässt sich das mitunter schwer nachvollziehbare Verhalten von frühtraumatisierten Kindern verstehen. Die hirnorganischen Schäden zeigen sich unter anderem darin, dass (vgl. Hüther, 2013, S.19f):

- Erfahrungen hirnorganisch verankert sind. Sicherheit bietende Personen bieten keine Sicherheit ( bereits wenn ein hungerndes Baby schreit bis es erschöpft ist, aber niemand kommt)

- Ein immer wiederkehrendes Stereotypes Verhalten gezeigt wird

- bisherige Kompetenzen keine Sicherheit bieten, Bedrohungen sind nicht unter Kontrolle zu bringen

- die Weiterentwicklung blockiert ist, Trauma kann nicht aufgearbeitet werden

- dadurch die Bildung eines Selbstkonzeptes gestört wird

- In der Folge Impulse nicht kontrolliert und Handlungen nicht geplant werden können

- dadurch eine mangelhafte soziale Kompetenz besteht

- dadurch die Voraussetzungen fehlen, bewusst Wahrnehmungs-
Auseinandersetzungs- und Entscheidungsprozesse zu steuern

## 4 Auswirkungen im Verhalten

Wie zeigt sich die gestörte Hirnentwicklung im Verhalten des Kindes? Welche Bewältigungsstrategien treten häufig auf? Wie werden Kinder mit traumatisieren Erfahrungen
im Alltag erlebt und wie ist dieses Verhalten einzuordnen auf Basis der hirnorganischen
Störung? Wie ich in den vorangegangen Kapiteln gezeigt habe, sind die die Folgen einer
Frühtraumatisierung nicht einfach heilbar. Durch ihre hirnorganische Verankerung und
der fehlenden Möglichkeit das traumatische Geschehen aufzuarbeiten, bestimmen sie
das Verhalten der Kinder meist ein Leben lang. Die Psychologin Monika Dreiner hat
das Verhalten traumatisierter Kinder in häufig auftretende Muster eingeteilt. Dadurch
ergeben sich wie ich finde plausible Antworten auf die eingangs gestellten Fragen (vgl.
Dreiner, 2013, S.23ff).

Hyperaktivität

Sie ist eine Folge der erlebten existenziellen Bedrohung (Todesangst). Dauerhafte
Wachsamkeit lässt keine Entspannung zu. Das Kind schützt sich, indem es ständig auf-
passt auf alles was sich in der Umwelt zeigt (kompensatorischer Mechanismus). Das
Verhalten zeigt sich

- Als motorische Unruhe

- Schreckhaftigkeit

- Schlafstörung

- Konzentrationsschwäche

Der Schutzmechanismus wird für das Kind erst dann wegfallen, wenn die gefürchtete
Gefahr oder Bedrohung eliminiert wird und es dauerhaft die Erfahrung macht, dass es
sicher ist. Diese Sicherheit erlebt das Kind nur während der intensiven liebevollen Zuwendung einer Person im Hier und Jetzt. Verlässt die Person den Raum oder soll etwas
alleine durchführen, wird das Verlassenheitsgefühl reaktiviert und es dominiert die Hy-

peraktivität. Der Umgang mit hyperaktiven Kindern ist für die Bezugspersonen oft sehr belastend. Sie fühlen sich überfordert und hilflos.


## Intrusives Erleben

Gemeint ist das Wiedererleben von traumatisierten Situationen, Fragmenten, Gerüchen, Geräuschen oder Ereignissen die nur in der Realität des Kindes stattfinden, eine Art Wahrnehmungstäuschung. Pflegefamilien sprechen z.b. oft davon, dass ihre Kinder Geschichten „erfinden", die sie erlebt haben wollen, die aber nicht stattfanden. Für das Kind ist das Erleben die Realität. Es kann dazu kommen, dass Kinder völlig unerwartete Reaktionen zeigen, die nicht der Situation angemessen sind indem sie plötzlich Schreien oder weglaufen, kämpfen und sich selbst verletzen. Das Kind erlebt dann Bilder aus der Vergangenheit und durch den Verlust der Zeitachse (s.a. Kapitel 3) befindet es sich im Hier und Jetzt.


## Dissoziative Verfassung

Der Begriff Dissoziation beschreibt laut Definition des DSM-IV „die Unterbrechung der normalerweise integrativen Funktionen des Bewusstseins, des Gedächtnisses, der Identität oder der Wahrnehmung der Umwelt" (Quelle Internet: www.dissoc.de/issd10.html).

Dissoziation ist also eine Verfassung in der sich der Mensch nicht mehr als Ganzheit erlebt. Es gibt keine handlungsfähige Person mehr. Kinder in solch einer Verfassung reagieren wie ferngesteuert, sie verhalten sich als sei kein Gegenüber vorhanden. Dieses Nicht-Wahrgenomen-werden kann in der Gegenübertragung (z.b. den Pflegeeltern) zu Ärger, Wut und Enttäuschung führen. Damit lösen Kinder Emotionen aus, die sie damals selbst in der traumatischen Situation erlebt haben und für die sie keine Worte zur Verfügung hatten. Über diese Inszenierungen ist es für Bezugspersonen möglich die emotionalen Belastungen, denen das Kind ausgesetzt war, nachzuvollziehen. Das erfordert von den Bezugspersonen ein hohes Maß an Reflexion. Gelingt dies nicht und die Emotionen werden nicht auf eine Meta-Ebene interpretiert, verlassen z.b. Pflegeeltern ihre liebevolle wohlwollende Haltung, werden sie nicht selten zu Tätern, indem sie z.B. ihre Wut ausleben.

## Übertragung/Gegenübertragung

Übertragungen kommen in allen Beziehungsgestaltungen vor. Wir greifen in sozialen Kontakten auf bewährte Strategien oder abgelegte und bekannte Muster zurück (s. Kapitel 3.1.).

Übertragungen sind demnach nicht grundsätzlich ein Zeichen einer Störung sondern eine Erleichterung in Situationen rasch zu handeln. Im Zusammenhang mit traumatisierenden Erfahrungen kann diese Strategie fatale Folgen haben. Wenn z.b. die Mutter die traumatisierten Erlebnisse zugefügt hat, kann das Kind diese Erfahrung auf anderen weiblichen Bezugspersonen, z.b. eine Pflegemutter, übertragen. Es wird sie dann meiden, sich abwenden oder sogar aggressiv ihr gegenüber werden. Grundsätzlich kann man zwei Formen der Übertragung unterscheiden, die aus traumatisierten Beziehungen entstehen: diejenigen Kinder, die aufgrund ihrer Erfahrung davon ausgehen, dass es niemand gibt, der ihnen hilft. Sie zeigen großen Widerstand gegen alle Hilfen und Unterstützungen, als Schutz vor der erneuten Erfahrung, Hilflos und alleine da zu stehen. In der Gegenübertragung, die Reaktion des Helfersystems auf das vordergründige Verhalten des Kindes, entsteht Enttäuschung und Kränkung, weil die Hilfe nicht angenommen wird. Dies geschieht gerade in Pflegefamilien sehr häufig. Das Kind wird wiederholt im Stich gelassen. Die zweite Gruppe hat die Erfahrung von Hilfe gemacht, wenn auch zu wenig. Sie sind immer auf der Suche nach Hilfe und vermeiden dadurch, auf eigene Kompetenzen zurückzugreifen. Sie regredieren, d.h. sie entwickeln sich zurück und altersgemäße Entwicklungsschritte werden nicht vollzogen. Gerät man als Bezugsperson in diese Falle, verhindert man die Fortführung der kindlichen Entwicklung.

## 5 Die Bewältigung der Folgen: Sozialpädagogische Interventionen

Frühtraumatisierungen haben eine erhebliche Störung der hirnorganischen Entwicklung zur Folge. Biochemische und neurologische Prozesse lenken die Entwicklung des Gehirns in eine bestimmte Richtung. Lernerfahrungen werden festgelegt und bestimmen das weitere Verhalten. Die Ausnahmesituation löst Todesangst aus und hat Überlebens-strategien zur Folge. Diese Strategien zeigen sich in bestimmten Verhaltensmustern und sichern das Weiterleben. Allein diese kurze Zusammenfassung zeigt, dass sozialpäda-gogische Interventionen immer im Kontext dieser massiven und häufig lebenslangen Störungen zu sehen sind. Die wichtigste sozialpädagogische Intervention ist m.E. das Erkennen der Zusammenhänge. Nur wenn man versteht, wie komplex und verschränkt die Folgen einer bedrohlichen Situation im Kleinkind-Alter sind, wird es möglich, in kritischen Situationen auf eine Meta-Ebene zu wechseln. Auf der Meta-Ebene versteht die Bezugsperson, dass nicht sie persönlich gemeint ist, sondern ein Medium um das traumatisierte Geschehen zu verarbeiten und neue zuverlässige und stabile Beziehungs-erfahrungen zu machen.

Die m.E. wichtigsten Interventionen :

1. Vertrauen durch Beziehung und Bindung

   Hochproblematische und vernachlässigte Kinder kann man nicht einfach durch Liebe, Geduld und Gespräch vermitteln, dass sie keine Angst mehr zu haben brauchen. Sie befinden sich i.d.R. permanent im Bedrohungsmodus und kämpfen um das Überleben. Ihnen fehlt das Urvertrauen, weil sie keiner rettete als sie in einer lebensbedrohlichen Situation waren. Vertrauen entsteht bei ihnen nur sehr langsam, da die Überlebensstrategie allgegenwärtig ist.

   Lernen hat wie bereits erwähnt einen höheren Effekt wenn er mit positiven emo-tionalen Ladungen verknüpft wird. Es braucht viele neue positive Bindungser-lebnisse,

2. Verstehen von Verhalten statt strafen

   Je mehr man das Verhalten des Kindes versteht, desto mehr kann man verhindern durch Missdeutung unangemessen zu reagieren. Wenn beispielsweise Kinder klauen kann das Beispiel: Klauen

3. Handeln nach dem emotionalen Alter

Aufgrund der sozialen und emotionalen Deprivation (die Todesangst hat die Entwicklung unterbrochen!) handeln diese Kinder nicht altersgemäß. Ein 10 jähriger kann sich bei Frust oder Angst (s.a. Intrusives Erleben in Kapitel 4) zurückversetzt fühlen zum Zeitpunkt seines Traumas. Er hat dann kein Gefühl für die Zeit, sondern erlebt die damalige Situation erneut. In dieser Situation, z.b. in Tränen aufgelöst, frustriert oder überwältigt emotional zweijährig) braucht das Kind Zuwendung dem emotionalen Alter entsprechend z.b. beruhigende (mütterliche)Fürsorge. Ein frühtraumatisiertes Kind muss die verpassten oder gestörten Entwicklungsstufen nachholen dürfen (vgl. Bolus, 2006, S.43).

4. Konsequenz und Vorhersehbarkeit

Konsequenz und Vorsehbarkeit ermöglichen Sicherheit. Kinder mit Bindungsproblemen reagieren besonders empfindlich auf jede Veränderung. Jede neue soziale Situation überfordert sie, selbst wenn wir sie als angenehm erleben wie ein bevorstehender Urlaub, oder Ferien. Durch sich wiederholende vorhersehbare, also konsequente Situationen fühlt sich das Kind sicher, und nur wenn es sich sicher fühlt, kann es neue soziale Erfahrungen machen.

5. Erlernen von sozialem Verhalten

Einer der größten Schwierigkeiten dieser Kinder ist sozial angemessen zu agieren und zu reagieren. Sie wissen oft nicht, wie sie jemanden anfassen sollen oder wie man einen Kontakt abbricht. Meistens nehmen sie zu Fremden schneller Körperkontakt auf. Die ist nicht miss zu verstehen als spontane Liebesbezeugung, es ist eher eine Geste der Unterwerfung. Sie müssen das richtige Verhalten erst erlernen, am ehesten durch vorleben, aber auch durch klare Vorgaben. Weniger Worte und nonverbale Signale sind hierbei besser (vgl. Malter, 2013, S. 59f).

6. Zuhören und Reden

So einfach wie es klingt, ist es für Fachleute meist nicht. Einfach nur da sein und dem Kind zuhören. Es geht hier um die ungeteilte Zuwendung. Ein klarer Moment in dem ich das Kind spüren lasse, dass ich jetzt nur für es da bin. Solche Momente sind auch am besten geeignet um über Gefühle zu sprechen. Traumatisierte Kinder haben oft keine Worte für ihre Gefühle. Sie müssen erst lernen, dass das was sie gerade empfinden, z.b. traurig sein bedeutet. In derselben weise müssen sie lernen, wie jemand anders gerade fühlt, wenn man ihn beispielsweise schubst.

7. Realistische Erwartungen

Die Defizite und Entwicklungsverzögerungen von traumatisierten Kindern sind, wie schon beschrieben, enorm und manche werden an den Folgen ihr Leben lang zu kämpfen haben. Kinder mit einem kompletten Liebesentzug in den ersten Jahren werden keine warmherzigen Menschen werden und hyperaktive Kinder

Manche Potentiale lassen sich aktivieren, manche auch nicht.

8. Geduld

Die langsamen Fortschritte führen schnell zu Frust und Überforderung. Es entsteht das Gefühl, all die Liebe, Fürsorge und Bemühungen reichen nicht aus. Aber: „Heilung ist möglich", wie es Bettina Bolus formuliert und „… jede Minute in der sich das Kind normal verhält, …ist ein Wunder, das man als solches sehen soll." (s. Bolus, 2006, S.128-129).

9. Selbstmanagement

Die Arbeit mit traumatisierten Kindern ist komplex, anstrengend und bringt einen an die eigenen Grenzen. Man muss für Ruhe-und Auszeiten sorgen und sich Unterstützung holen, fachliche oder auch familiäre, wenn man erschöpft, frustriert oder überfordert ist.

10. Ressourcen

Sachkundige mit Erfahrung mit Bindungsproblemen und misshandelten Kindern
können viel helfen

# 6 Schlussbemerkung

Bei der Recherche zu diesem Referat und dem Lesen der vielen Fallbeispiele wurde mir
sehr deutlich, wie behutsam und wachsam wir sowohl als Vater oder Mutter aber auch
als Fachleute sein müssen. Wird einem erst einmal klar wie weitreichend die Folgen
eines einzigen bedrohlichen Momentes für ein Kleinkind sein können und wie sehr diese Folgen dann das weitere Verhalten dieses Kindes bestimmen sind wir aufgefordert
unmittelbar zu handeln.

Hüther hat zwar darauf hingewiesen, das die zentralste Frühtraumatisierung immer die
Trennung von der Mutter (in der Regel) ist. Aber die anschließende Traumatisierung
durch das Erleben bedrohlicher Situationen, durch Missbrauch oder Vernachlässigung
ist eine weitere Traumatisierung. Es kommt zu einer doppelten Traumatisierung. Zwar
lässt sich das Leid , dass durch die Trennung erfolgt nicht verhindern, wohl aber das
zusätzliche Leid das dem Kind bei Verbleib in der Ursprungsfamilie bei einer Trennung
erspart bleibt. Eine frühzeitige Herausnahme des Kindes ist angesichts der enormen
Tragweite für die hirnorganische Entwicklung weitaus wichtiger und weniger belastend
für das Kind, als ein Verbleib in einer Familie in der das Kind Todesängste erlebt. Die
Frage nach der Erziehungsfähigkeit/Unfähigkeit ist m.E. an dieser Stelle nicht zu stellen. Zunächst geht es darum einen Kreislauf aus Todesgefahr, Angst, Ohnmacht und
Misstrauen zu unterbrechen. Erst wenn auch für die Herkunftseltern der Kreislauf der
Überforderung unterbrochen ist, muss Erziehungshilfe erfolgen. Hier sind das Jugend-
amt und die freien Träger gefordert, die Hilfe zur Erziehung zu leisten um die Her-
kunftsfamilie nicht im Regen stehen zu lassen. Ansonsten besteht die Gefahr, dass die
nachvollziehbare Sehnsucht nach Kind und Familie mit einem neuen Partner und einer
erneuten Schwangerschaft erfüllt wird, ohne im Mindesten Erziehungsfähigkeit erlernt
zu haben. Die erneute Überforderung droht und mit ihr eine neue Dramatik für das
Kind. Ich kenne eine Mutter, die bereits 5 Kinder bekommen hat. Alle wurden wegen
Gefährdung des Kindeswohles in Obhut genommen. Nun ist zum 6.Mal schwanger.

Wichtig ist es m.E. auch, die aufnehmenden Familien mit den Folgen der Schädigung nicht alleine zu lassen. Oftmals fordert der Umgang mit diesen Kindern mehr als pädagogisches Handeln und liebevolles Annehmen. Ihnen und ihrer großen Geduld diese Kinder manchmal einfach nur auszuhalten gilt mein Respekt.

Damit es fortan heilen kann…

# 7 Literaturliste

Bolus,B.                    Mit den Augen eines Kindes sehen lernen

                            Norderstedt 2006

                            Verlag Books on Demand


Dreiner,M./PAN(Hrsg)        Traumatisierte Pflege-und Adoptivkinder in:

                            Traumatisiert.

                            Düsseldorf 2013

                            PAN Verlag


Endres,M./Biermann,G.       Traumatisierung in Kindheit und Jugend

                            München 1998

                            Rheinhardt Verlag


Hillweg,W.                  Kindheit und Trauma

                            Göttingen 1997

                            Verlag Vandenhoeck+Rupprecht


Hochauf,R./Krens,H.(Hrsg)   Zur Spezifik pränataler Traumatisierungen und deren Be-
                            arbeitung in: Risikofaktor Mutterleib

                            Göttingen 2006

                            Verlag Vandenhoeck+Rupprecht

Hüther,G.                  Bedienungsanleitung für ein menschliches Gehirn

                          Göttingen 2001

                          Verlag Vandenhoeck+Rupprecht


Hüther,G.                  Biologie der Angst

                          Göttingen 1997

                          Verlag Vandenhoeck+Rupprecht


Hüther,G./PAN(Hrsg)        Traumatisierung und Retraumatisierung in: Traumatisiert

                          Düsseldorf 2013

                          PAN Verlag


Hüther,G.                  Das zentrale Adaptionssyndrom, psychozozialer Stress

                          Göttingen 1996

                          Verlag Vandenhoeck+Rupprecht


Julius,H.u.a.              Bindung im Kindesalter,Diagnostik und Intervention

                          Göttingen 2009

                          Verlag Hogrefe


Malter,Ch./PAN(Hrsg)       Entwicklungsmöglichkeiten für traumatisierteverwahrloste
                          Kinder in der Pflegefamilie,in: Traumatisiert

                          Düsseldorf 2013

                          PAN Verlag

Riedesser,P./Brisch (Hrsg)   Entwicklungspathologie von Kindern mit traumatischen Erfahrungen,in: Bindung und Trauma

Stuttgart 2009

Klett-Cotta Verlag


Singer,W./Geyer,Ch.(Hrsg)   Verschaltungen legen uns fest in: Hirnforschung und Willensfreiheit

Frankfurt a.m. 2006

Suhrkamp Verlag


Uexküll,T./Wesiack,W.   Theorien der Humanmedizin

München 1988

Verlag Urban und Schwarzenberg


Unfried,N/Krens,H.(Hrsg)   Pränatale Traumata und ihre Bearbeitung in der Kindertherapie in: Risikofaktor Mutterleib

Göttingen 2006

Verlag Vandenhoeck+Rupprecht


Internetquellen:


http://www.icd-code.de/suche/icd/code/F43.-.html?sp=STrauma    (v.14.05.2014)

http://www.dissoc.de/issd10.html (v.04.05.2014)

9 783656 932437